Im Bann des Pharao

MACH 10!

Rätseln, Üben, Knobeln

Dudenverlag

Berlin

Hallo Rätselfan,

Mach 10! ist der lustige Rätselspaß aus dem Dudenverlag. Es warten spannende Knobeleien aus den Bereichen Deutsch, Mathe und Englisch auf dich. Jede Aufgabe besteht aus zehn Übungen. Hast du sie gelöst, darfst du die Seite auf der Checkliste abhaken und zur Belohnung einen Sticker auf die Seite kleben.

Mach 10! und trainiere spielerisch deine Fähigkeiten im Rechnen und Schreiben sowie deinen Englischwortschatz.

An alle Abenteurerinnen und Pyramiden-entdecker: Ran an die Stifte, fertig, los!

Das habe ich schon gelöst:

Hake ab!

KREUZWORTRÄTSEL

Kennst du diese zehn Dinge? Trage die Wörter in die Kästchen ein.

4

Größer, kleiner oder gleich?

Was versteckt sich unter den Käfern? Setze die passenden Zeichen in diese zehn Aufgaben ein: **>**, **<** oder **=**.

1. $14 + 78$  54

2. dreihundertsiebenundfünfzig  212

3. $74 - 14$  $360 : 6$

4. $12 \cdot 3$  $6 \cdot 6$

5. $501 - 9$  498

6. $44 \cdot 10$  siebenhundertvierundvierzig

7. dreiundneunzig  $324 - 302$

8. $7 + 4 + 12$  $5 + 8 + 23$

9. $17 + 40 - 4$  $90 - 4 + 4$

10. $2 + 225$  $25 \cdot 5$

HOW MANY ...?

Wie viele? Zähle die Gegenstände und verbinde sie mit den englischen Zahlwörtern.

one

six

ten

eight

two

nine

three

seven

five

four

10 GEMACHT!

GEHEIMNISVOLLE 10

Setze die Ziffern 1 und 0 in das Gitter ein. Beachte: In jeder Zeile und Spalte müssen beide Ziffern gleich oft vorkommen. Senkrecht und waagerecht dürfen nicht mehr als zwei gleiche Ziffern nebeneinanderstehen.

	1	0	0	1	0	1	0	1	1
0	0	1	1		1	1	0	1	0
1	1	0	1	1	0	0	1		0
0		1	0	0	1	0	0	1	1
0	0	1	0	1	0	1		0	1
1	0	0	1	0	1	1	0	1	0
1	1	0	1	0	1	0		0	0
0	0	1	0		0	1	0	1	1
	1	0	0	1	0	0	1	0	
1	0	1	1	0	1	0		0	0

10 GEMACHT!

Hast du Angst vor Mumien?

meine TOP 10!

Fülle die Liste aus!

Gab es bei euch hitzefrei?

10 Dinge, die ich einen Pharao fragen würde

1. _____
2. _____
3. _____
4. _____
5. _____
6. _____
7. _____
8. _____
9. _____
10. _____

10 GEMACHT!

Das alte Ägypten

Trage die zehn gesuchten Begriffe in das Rätselgitter ein.

1. Gelblich glänzendes Edelmetall
2. Krabbelndes Insekt mit sechs Beinen
3. Daraus besteht eine Wüste
4. Landwirtschaftlicher Beruf, im alten Ägypten weit verbreitet
5. Männliche Form von Königin
6. Wasserstelle in der Wüste
7. Teilgebiet der Mathematik, beschäftigt sich mit Flächen und Körpern wie 8.
8. Spitzes Bauwerk, Grabstätte vieler Pharaonen
9. Großes Gewässer
10. Im Inneren von 8. befindet sich dieser Raum

10
GEMACHT!

Paarweise

Hoppla! Diese zusammengesetzten Nomen sind durcheinandergeraten.
Welche Paare gehören zusammen? Schreibe die Wörter richtig auf.

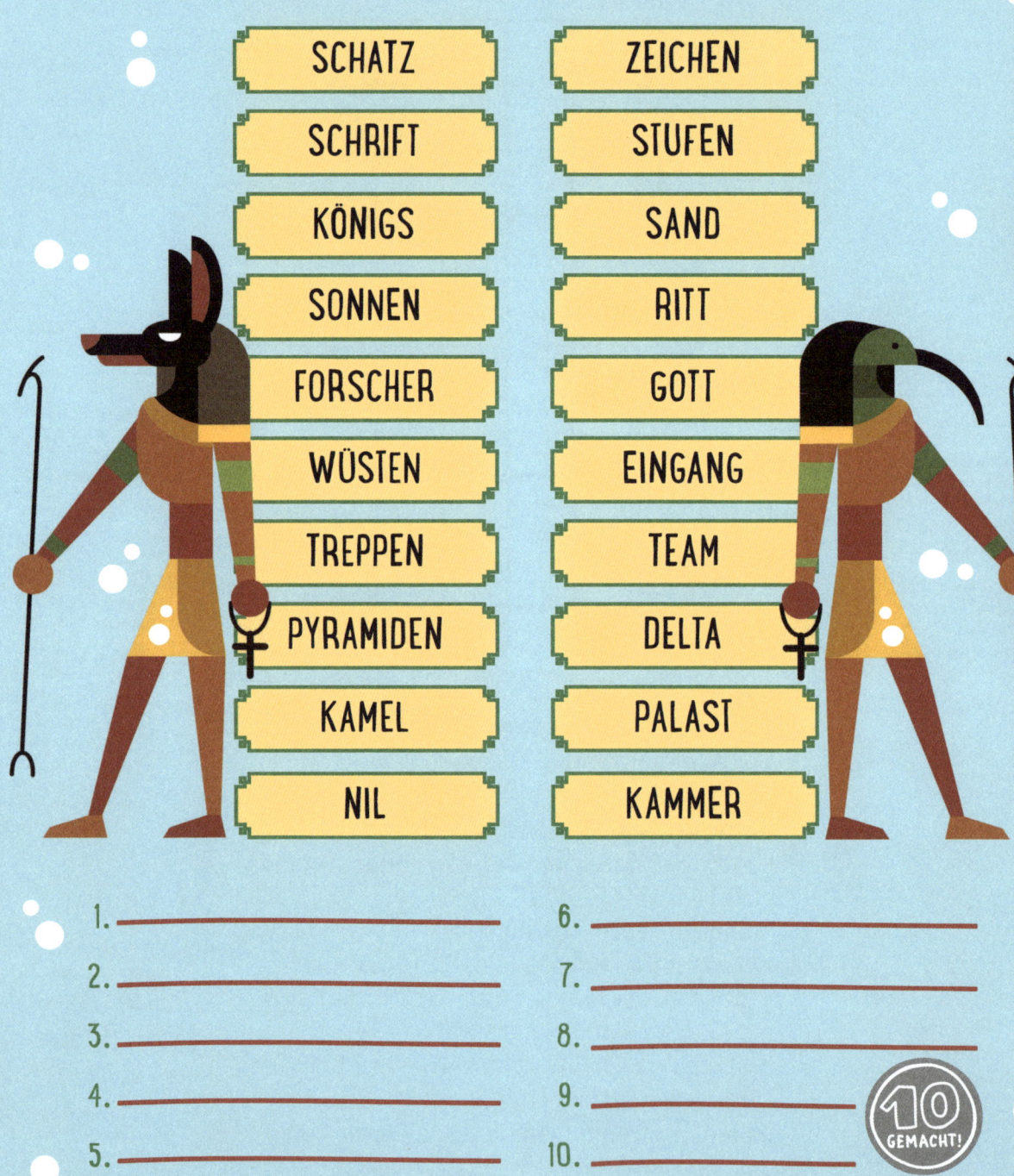

SCHATZ	ZEICHEN
SCHRIFT	STUFEN
KÖNIGS	SAND
SONNEN	RITT
FORSCHER	GOTT
WÜSTEN	EINGANG
TREPPEN	TEAM
PYRAMIDEN	DELTA
KAMEL	PALAST
NIL	KAMMER

1. _____

2. _____

3. _____

4. _____

5. _____

6. _____

7. _____

8. _____

9. _____

10. _____

10
GEMACHT!

Ancient Egypt

Im Nil, da schwimmt ein crocodile. Wie heißen diese
zehn Begriffe auf Englisch? Schreibe sie in die Kästchen.

Wortspeicher
bones, camel, cut,
crocodile, desert,
hot, king, pyramid,
sun, tree

10 GEMACHT!

Uhren-Spuk

Die kleinen, frechen Mumien haben an den Zeigern der Uhr gedreht.
Welche Zeiten haben sie eingestellt? Schreibe sie in die Felder.

Fehlerteufel

Hier stimmt doch etwas nicht? Diese zehn Wörter haben ziemlich viele Buchstaben. Okay, aber einer ist zu viel. Streiche den Fehlerteufel weg.

1. LÖWENKÖRPIER
2. MUMMIFIZIERUNG
3. SONNENGODTT
4. GRABSKAMMER
5. AMULLETT
6. OBELISCK
7. KAMELLE
8. PHARAOHNENGRAB
9. LBABYRINTH
10. SKARABÄXUS

10 GEMACHT!

13

Verschlungene Wege

Schleiche durch die Gänge der kleinen Pyramiden. Auf dem Weg vom grünen zum roten Buchstaben kannst du die Buchstaben für die Lösungswörter einsammeln. Schreibe sie auf die Linien.

1. _____Wüste_____

2. _____

3. _____

4. _____

5. _____

6. _____

7. _____

8. _____

9. _____

10. _____

Aus Alt mach Neu

Baue aus den Buchstaben des vorgegebenen Wortes zehn neue Wörter.
Welche fallen dir ein?

PHARAONENTEMPEL

Tipp:
Du hast für jedes neue Wort alle Buchstaben zur Verfügung, du musst aber nicht alle verwenden.

1. OHREN

2.

3.

4.

5.

6.

7.

8.

9.

10.

10 GEMACHT!

meine TOP 10!

Fülle die Liste aus!

Pyramiden sind aus Steinblöcken erbaut.

Der Sonnengott hieß Re.

10 Dinge,
die ich über das alte Ägypten weiß

1. _____

2. _____

3. _____

4. _____

5. _____

6. _____

7. _____

8. _____

9. _____

10. _____

Knack die Mini-Kreuzworträtsel

Ein Fluch liegt auf diesen zehn Mini-Kreuzworträtseln: Die Buchstaben in der Mitte fehlen. Weißt du, welche es sind?

1.
F
HA_KE
_LE
KE

2.
G
KÖ_IG
GÄ_GE
GE

3.
T
FL_CH
ABE

4.
LE
GA_EN
EN

5.
K
MU_IE
AEL

18

6. S C H I F T (vertical) / V I E E C K (horizontal)

7. T H O N (vertical) / K Ö B E (horizontal)

8. B E G E (vertical) / S E F E (horizontal)

9. Ä F F H E N (vertical) / D R A H E N (horizontal)

10. O B E I S K (vertical) / M Ö G I C H (horizontal)

10 GEMACHT!

Rechenpyramiden

Kannst du die zehn Rechenpyramiden vervollständigen?
Die beiden unteren Steine addiert ergeben die Zahl des Steins darüber.

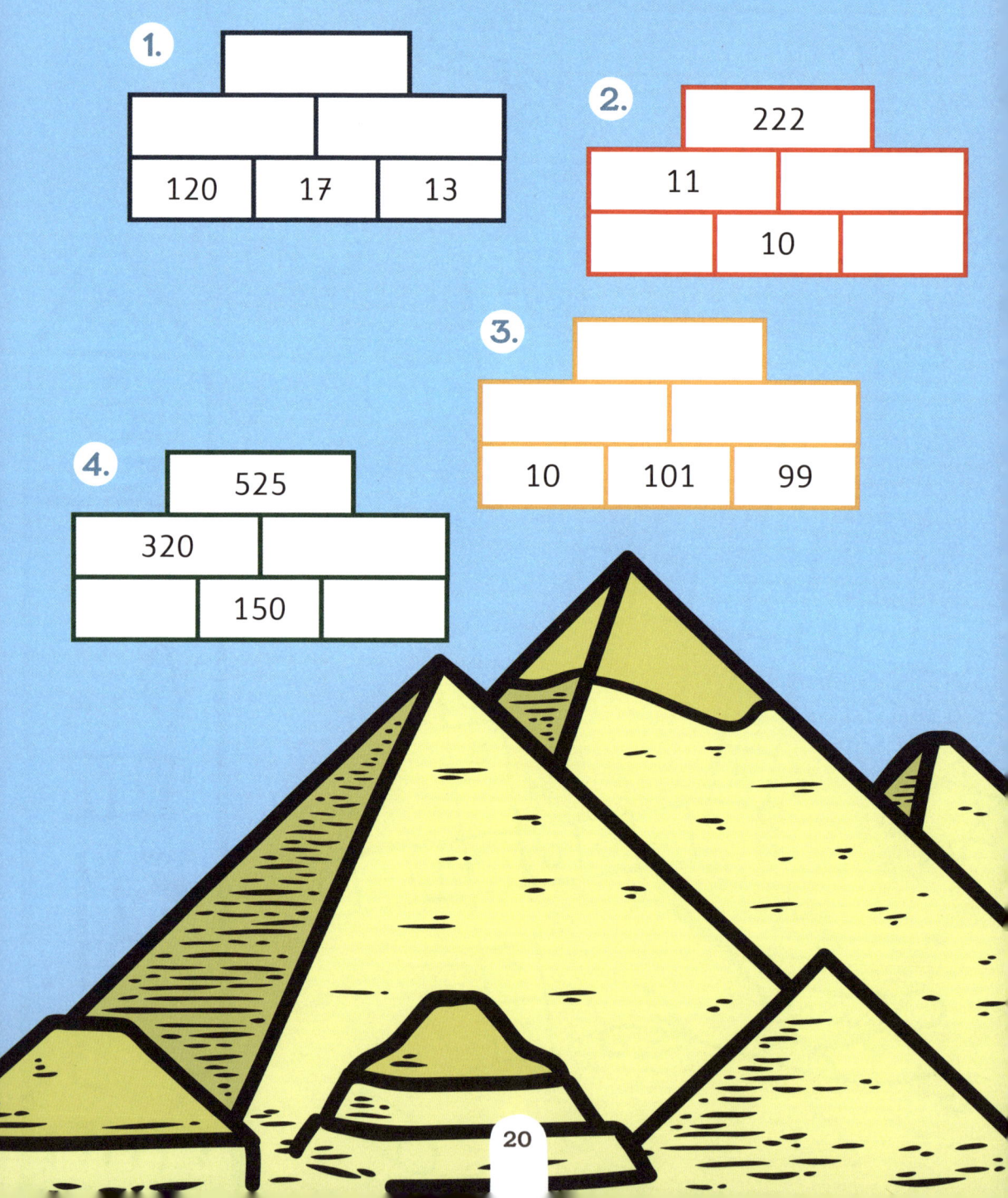

1.

120	17	13

2.

222
11	
	10	

3.

10	101	99

4.

525
320	
	150	

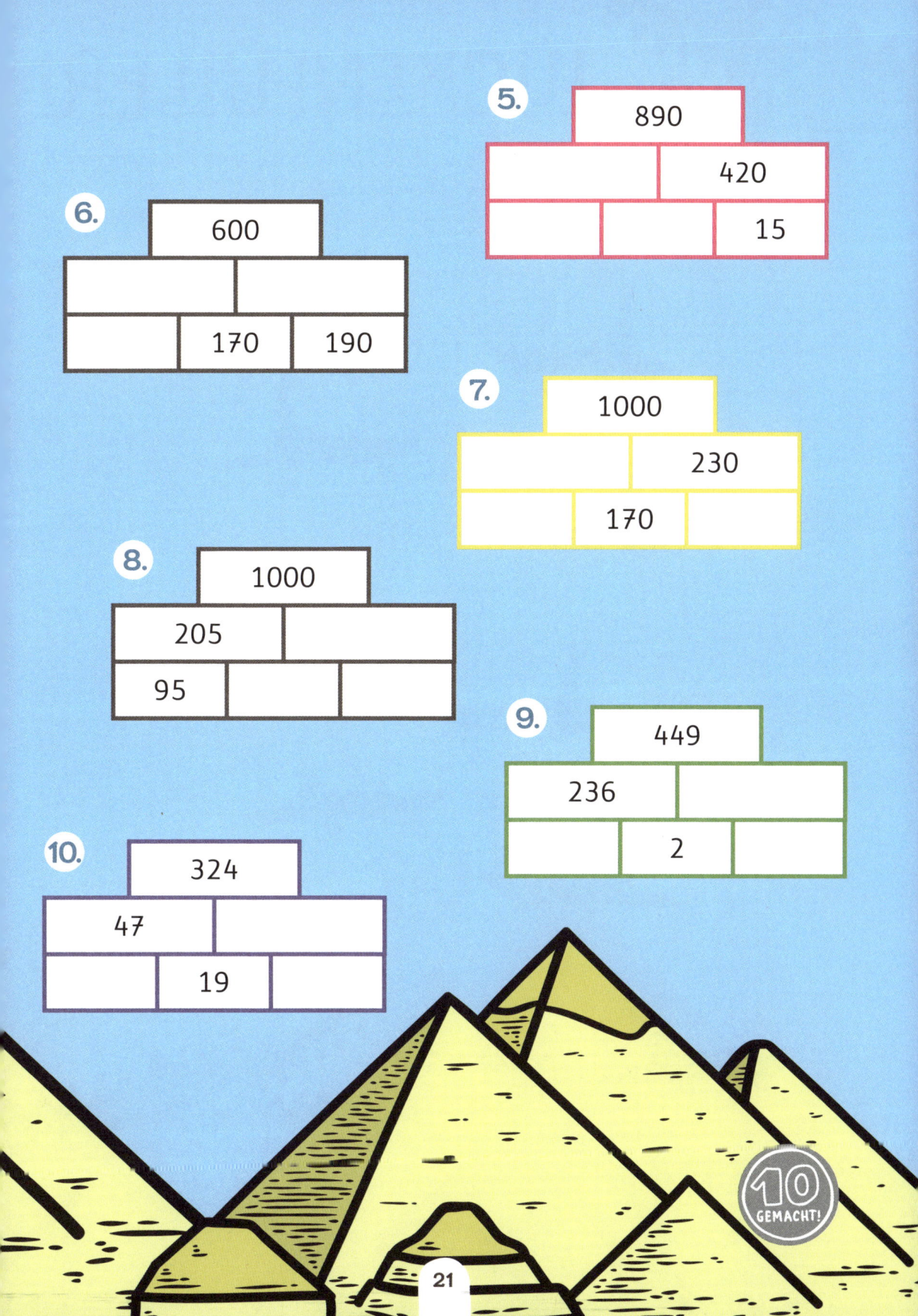

5. 890 / 420 / 15

6. 600 / 170 / 190

7. 1000 / 230 / 170

8. 1000 / 205 / 95

9. 449 / 236 / 2

10. 324 / 47 / 19

10 GEMACHT!

21

LÜCKENFÜLLER!

Schnapp! Das kleine Krokodil hat in jeder Aufgabe eine Zahl gefressen.
Aber welche? Schreibe sie zwischen seine Zähne.

1. 117 + 63 =

2. 276 – = 223

3. + 68 = 198

4. 111 + = 434

5. – 75 = 235

6. 97 – 73 =

7. + 485 = 523

8. 212 – = 105

9. 476 + 285 =

10. + 123 = 918

22

Hokuspokus!

meine TOP 10!
Fülle die Liste aus!

Gummiwand!

meine 10 besten Abwehrsprüche,
falls mich eine Mumie verflucht

1. _____
2. _____
3. _____
4. _____
5. _____
6. _____
7. _____
8. _____
9. _____
10. _____

10 GEMACHT!

Voll versteckt!

Zehn Begriffe aus der geheimnisvollen Welt der Pharaonen sind in diesen kleinen Buchstabenfeldern senkrecht, waagerecht und diagonal versteckt. Findest du sie?

1.

W	E	T	F	D	E	C	V
H	G	Z	T	B	U	Ä	F
Y	D	V	N	N	M	S	I
A	Y	X	Q	P	E	D	B
P	Y	R	A	M	I	D	E
V	Ü	R	T	S	C	H	E
A	R	B	S	C	V	K	R
T	Y	S	W	E	C	G	T

2.

P	D	Ä	C	B	T	S	X
O	Ü	G	E	X	F	T	A
L	X	Y	Y	G	M	S	C
F	I	P	E	R	X	V	Z
V	A	T	B	N	N	E	M
T	I	E	O	C	H	S	E
B	E	N	K	L	O	G	S
S	V	G	T	E	R	R	A

3.

L	Ö	P	D	E	C	V	G
T	S	X	T	R	J	U	V
F	D	E	R	K	L	O	T
D	C	B	N	N	E	W	A
S	C	D	L	P	F	V	T
C	G	A	G	A	D	G	F
D	E	G	Ö	T	T	E	R
E	R	I	L	L	B	H	J

4.

D	C	N	K	I	O	Ü	H
F	D	Ä	Y	F	D	V	X
C	V	B	D	E	R	W	Y
L	D	V	E	T	R	A	D
C	G	H	Z	T	V	S	Ü
A	W	C	V	G	H	S	N
H	V	G	B	E	R	E	Y
E	T	C	V	H	W	R	P

5.

R	W	S	D	F	T	R	V
H	B	N	Z	Z	I	N	H
Z	G	F	R	D	W	S	C
P	O	D	Ü	E	Ä	D	C
V	T	V	T	S	W	A	Q
M	V	S	E	R	W	C	F
E	Ü	V	M	E	R	D	T
W	D	F	G	T	E	D	R

6.

```
G B X E R C V F
T N H U T G H Z
S W E R T V C F
R G D C V K L S
O Ö S Y S D C V
G T E W C F D C
V G T E D R G B
F L U C H K F C
```

7.

```
D S W X D C V B
Ö P F G T E D W
D F E O R G W X
V G T E A N M K
Y A W X D S E W
Ä T V X D R E H
C F V G T E W A
S D E R T V B M
```

8.

```
O R P F J Ü S D
C V A C I S K W
V N P B V D L S
D S Y D G C O C
E T R F D V E E
R R U R C G P F
F D S E F T D G
B T E S S E V T
```

9.

```
Ö S E C V B H Z
T R E D L Ü D C
V V V Y T D E R
F D C N E E R S
T B N H Z N I L
Ä A Y X V F T E
D C G G H J U T
Z E C V L O P Q
```

10.

```
P S C F R E D C
H Z T A X W E R
N M K I L Z O P
S D C G T H D E
G P O C M B G T
W O R T Z G B H
Q H L F M X C B
W E T D Y S X D
```

10 GEMACHT!

25

BRÜCKENWöRTER

Setze diese zehn Begriffe an den richtigen Stellen ein,
sodass immer zwei sinnvolle Wörter entstehen.

SOMMER	_ZEIT_	ALTER
GOLD	_____	KAMPF
SONNEN	_____	ZEIT
WÜSTEN	_____	UHR
NIL	_____	STALL
GRAB	_____	TON
ABENTEUER	_____	ABEND
HERRSCHER	_____	KISSEN
WASSER	_____	WAGEN
WELT	_____	BUS

REISE

PFERDE

UHR

SAND

RING

~~ZEIT~~

SITZ

TANK

KAMMER

FILM

10 GEMACHT!

MUMMY – DUMMY

Die mummy findet einen dummy. Findest du
die Wortpaare, die sich reimen? Verbinde sie mit einer Linie.

mummy	true
king	ball
snake	cake
blue	yellow
rose	dummy
hello	hay
sun	nose
seven	ring
tall	eleven
day	run

Wortspeicher

ball – der Ball, blue – blau, cake – der Kuchen, day – der Tag,
dummy – der Schnuller, eleven – elf, hay – das Heu, hello – hallo,
king – der König, mummy – die Mumie, nose – die Nase, ring – der Ring,
(to) run – rennen, rose – die Rose, seven – sieben, snake – die Schlange,
sun – die Sonne, tall – groß, true – wahr, yellow – gelb

Fülle die Liste aus!

In den Urlaub fahren

Schwimmen gehen

10 Dinge,
die eine Mumie nicht kann

1.
2.
3.
4.
5.
6.
7.
8.
9.
10.

LOGISCHE REIHE

Hier sind schlaue Ideen gefragt, um die Reihe zu vervollständigen.
Was kommt als Nächstes?

1. 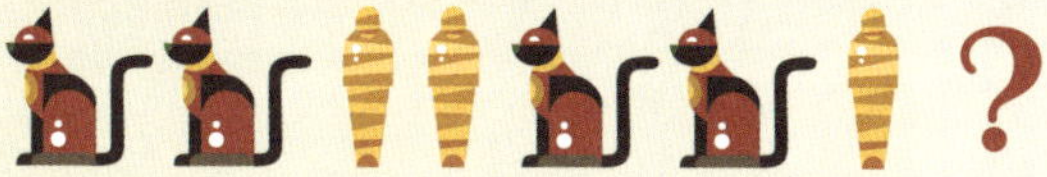 ❓

2. 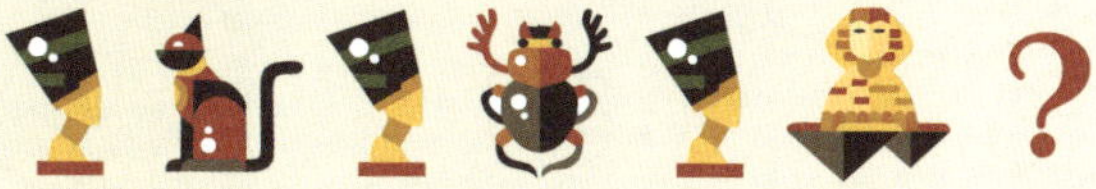 ❓

3. 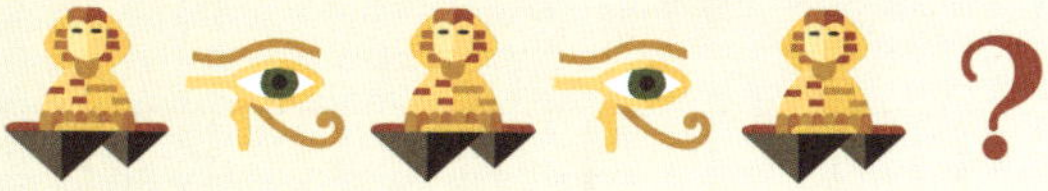 ❓

4. 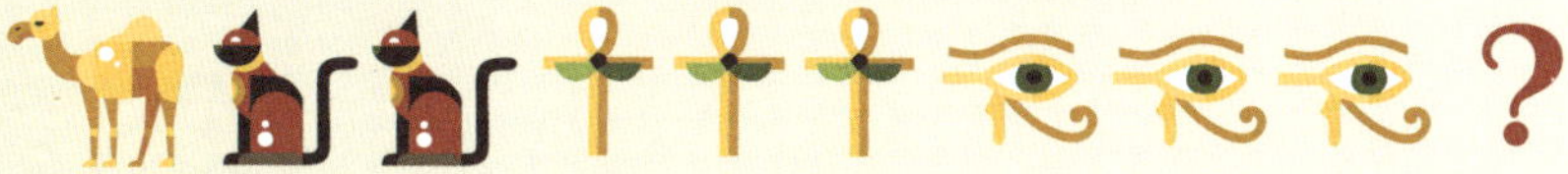 ❓

5. 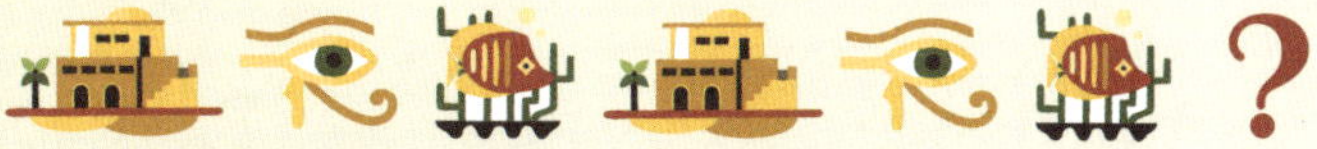 ❓

6. 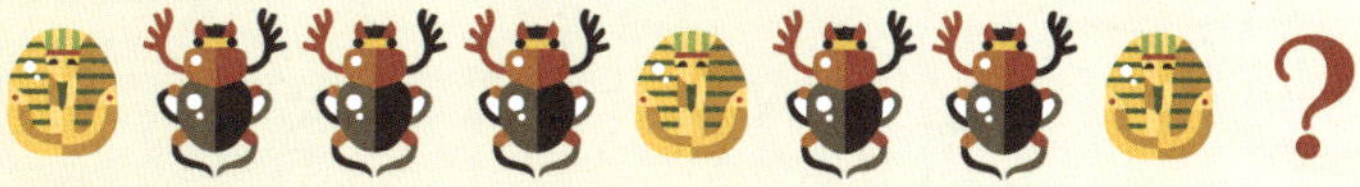 ❓

7. 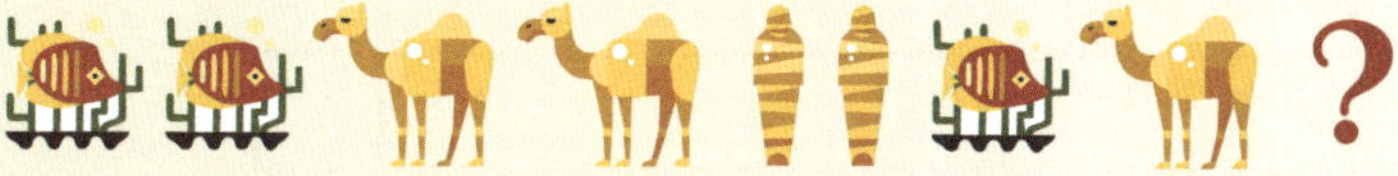 ❓

8. 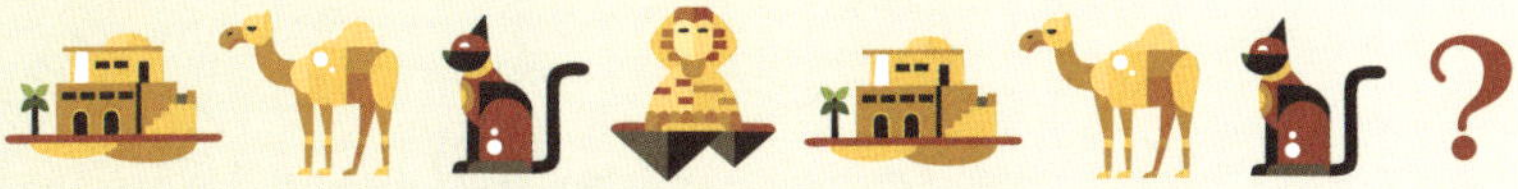 ❓

9. 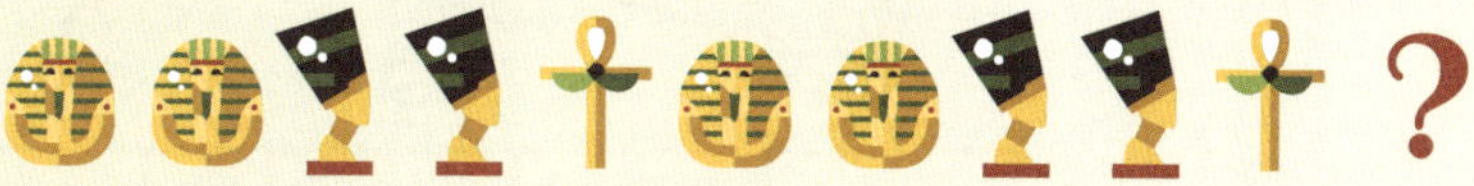 ❓

10. 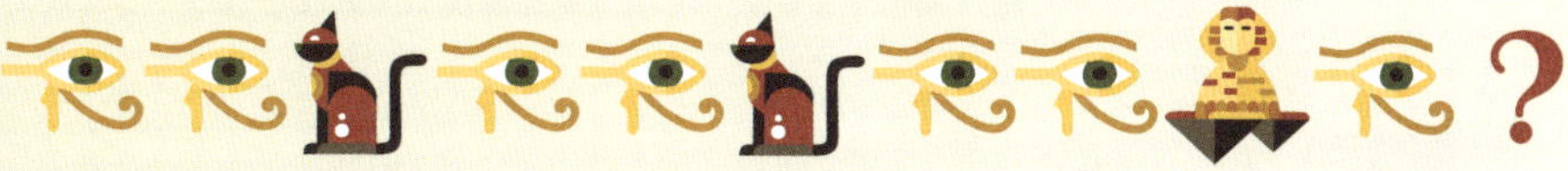 ❓

29

FINDE DIE WÖRTER

Welche zehn Wörter sind gesucht? Die Zahlen
neben und unter den Bildern verraten dir, welche Buchstaben
du streichen oder gegen andere austauschen sollst.

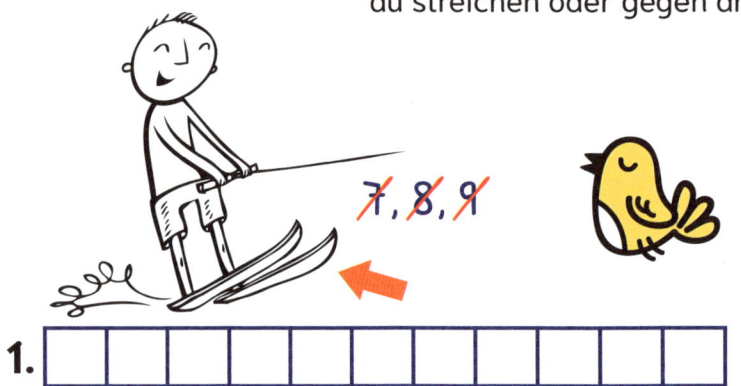

7, 8, 9

1. ⬜⬜⬜⬜⬜⬜⬜⬜⬜⬜⬜⬜⬜⬜

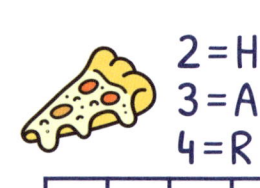

2 = H
3 = A
4 = R

1, 2

2. ⬜⬜⬜⬜⬜⬜

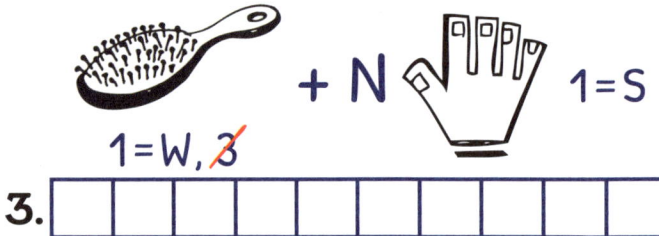

+ N   1 = S

1 = W, 2

3. ⬜⬜⬜⬜⬜⬜⬜⬜⬜⬜⬜

4 = A
5 = T
6 = Z

2 = A + R

4. ⬜⬜⬜⬜⬜⬜⬜⬜⬜⬜⬜⬜⬜⬜

2 = CK

5. ⬜⬜⬜⬜⬜⬜⬜

1 = O
5 = R

~~5~~

6. | | | | | | | | | |

1 = M ~~3~~

1 = M ~~5, 6~~

7. | | | | | | |

5 = I
6 = F
7 = T
~~8~~

1 = R

8. | | | | | | | | | | | | | | |

1 = N, ~~4~~   1 = D   **+ A**

9. | | | | | | | | |

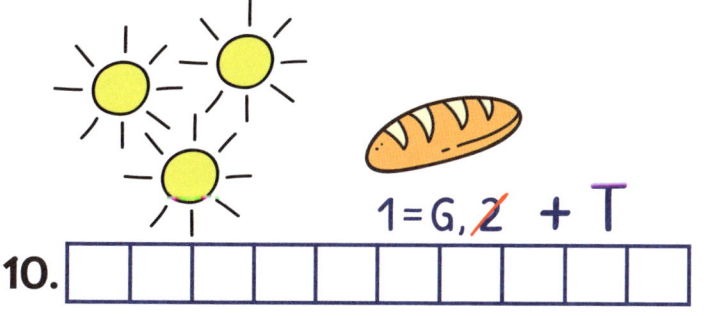

1 = G, ~~2~~ **+ T**

10. | | | | | | | | | |

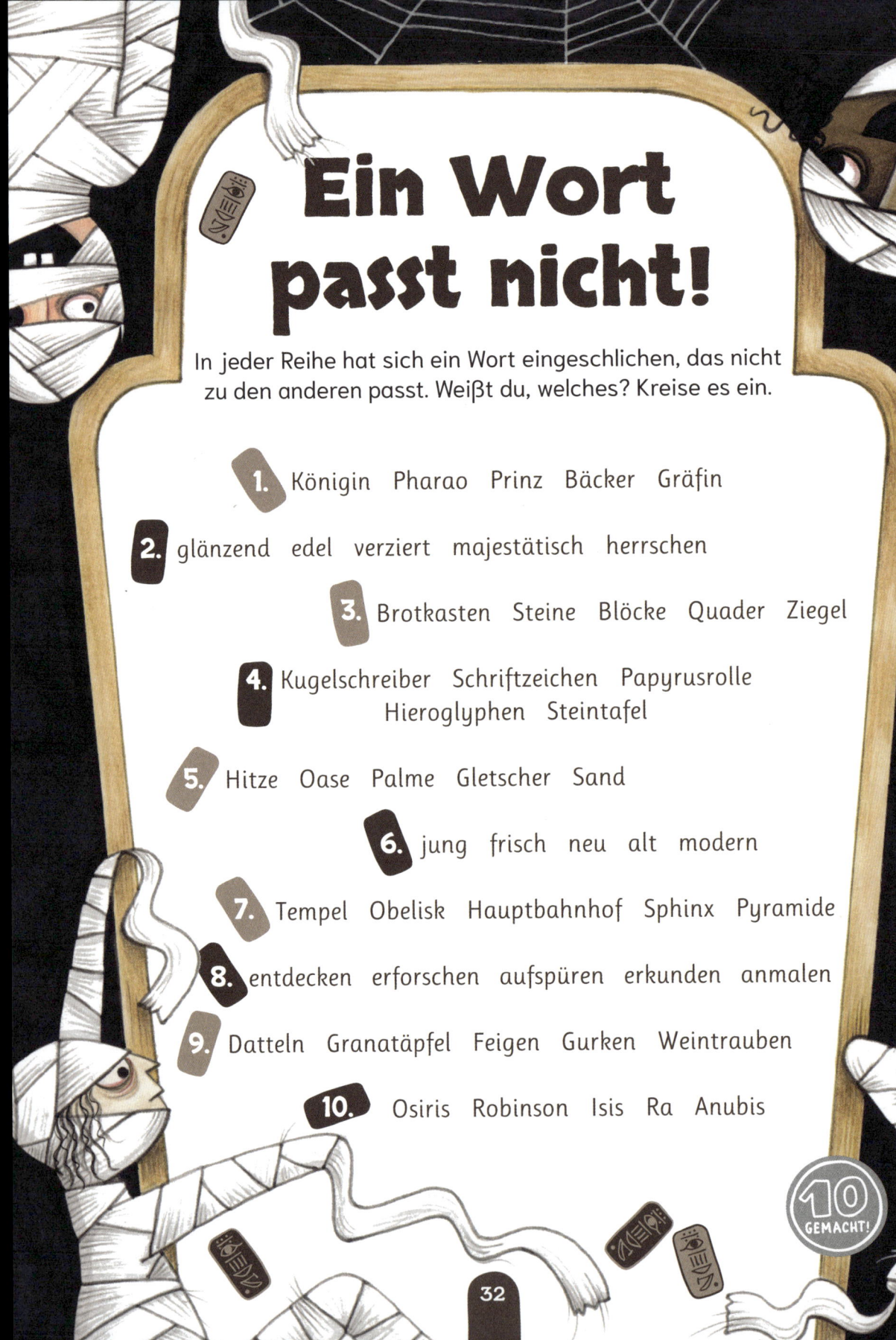

Ein Wort passt nicht!

In jeder Reihe hat sich ein Wort eingeschlichen, das nicht zu den anderen passt. Weißt du, welches? Kreise es ein.

1. Königin   Pharao   Prinz   Bäcker   Gräfin

2. glänzend   edel   verziert   majestätisch   herrschen

3. Brotkasten   Steine   Blöcke   Quader   Ziegel

4. Kugelschreiber   Schriftzeichen   Papyrusrolle   Hieroglyphen   Steintafel

5. Hitze   Oase   Palme   Gletscher   Sand

6. jung   frisch   neu   alt   modern

7. Tempel   Obelisk   Hauptbahnhof   Sphinx   Pyramide

8. entdecken   erforschen   aufspüren   erkunden   anmalen

9. Datteln   Granatäpfel   Feigen   Gurken   Weintrauben

10. Osiris   Robinson   Isis   Ra   Anubis

10 GEMACHT!

32

meine TOP 10!

Fülle die Liste aus!

Genug Wasser dabeihaben

Stirnlampe

10 Dinge,
die auf einer Expedition unverzichtbar sind

1. _____
2. _____
3. _____
4. _____
5. _____
6. _____
7. _____
8. _____
9. _____
10. _____

10 GEMACHT!

Nilgeschichten

Wie gut kennst du dich aus? Lies die kleinen Geschichten und fülle die Lücken mit den richtigen Wörtern.

Jede Pyramide ist ein _____, das ein Pharao für sich errichten ließ. Es sollte ihm den Übergang in das _____ erleichtern. Die riesigen Bauwerke wurden aus Hunderttausenden _____ errichtet. Die Pyramiden von Giseh gehören zu den sieben _____ der Antike. Die größte der drei, die _____, wird auch Große Pyramide genannt und ist 147 Meter hoch.

Königsgrab **Cheops-Pyramide** **Weltwundern**
Steinblöcken **Totenreich**

Im alten Ägypten war _____ ein angesehener Beruf. Ungefähr 700 Zeichen einer kunstvollen Bilderschrift mussten sie beherrschen. Diese Zeichen nennt man _____. Sie wurden in _____ gemeißelt oder auf Schriftrollen aus _____ notiert. Diese Pflanze wuchs an den Ufern des Flusses _____.

Hieroglyphen **Nil** **Schreiber** **Papyrus**
Steinplatten

10 GEMACHT!

34

Read backwards

Lies rückwärts und ordne die zehn englischen Wörter den Bildern zu.

H

G

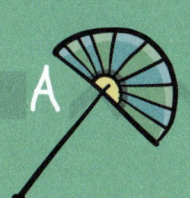
A

1. NAF

2. SUTCAC

3. OIPROCS

B

I

4. SDIMARYP

5. TAC KCALB

J

F

6. TNEMUCOD

7. EYE

8. NWORC

E

D

9. HOARAHP

10. EERT MLAP

C

10 GEMACHT!

SCHAU GENAU!

Finde die zehn Unterschiede zwischen den Bildern und kreise sie im rechten Bild ein.

Geheime Zeichen

Setze die Pyramide und das Anch-Symbol* in die zehn freien Felder des Gitters ein. Beachte: In jeder Zeile und Spalte müssen beide Symbole gleich oft vorkommen. Senkrecht und waagerecht dürfen nicht mehr als zwei gleiche Symbole nebeneinanderstehen.

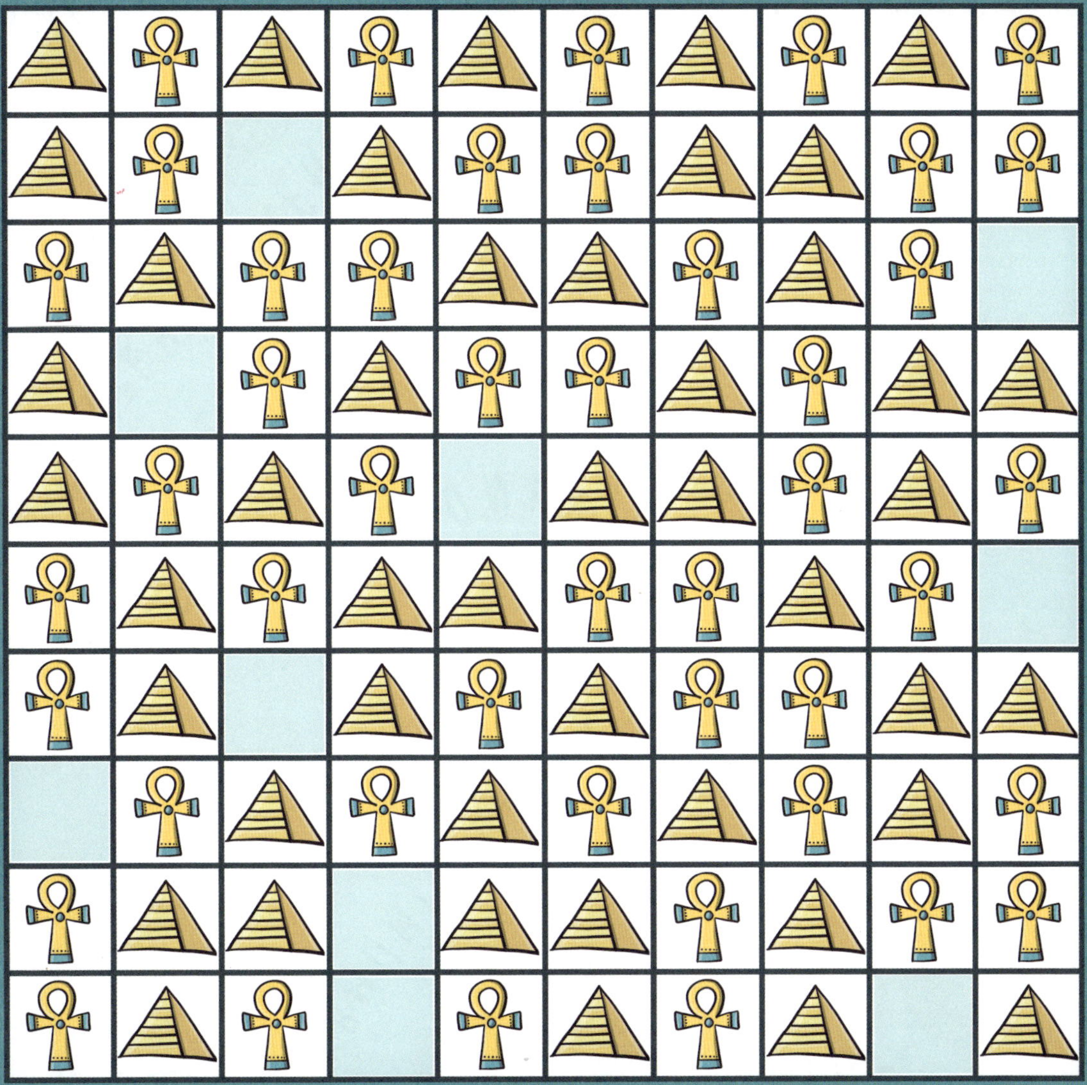

* Das Anch-Symbol stand im alten Ägypten für das Weiterleben im Jenseits.

10 GEMACHT!

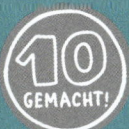

WORTSCHLANGE

Eine dicke Wortschlange kriecht durch die Wüste und hat neun kleine Wörter und ein großes gefressen. Kreise sie ein.

XUGABESWRT
HUNDSX
ZELTEWRRTRPPROTYH
EXPEDITIONS
TVBINDEVGN
EÄKKT
MUMIEKCAUGE
SRSHEIBHJEETHUTBECAÖTNILXB

10 GEMACHT!

38

PHARAONENGITTER

Finde für diese zehn Wörter den richtigen Platz im Rätselgitter.

4 Buchstaben
AUGE
ESEL
HAUS

5 Buchstaben
HALLO
GÄNGE
HITZE
SONNE

6 Buchstaben
GÖTTER

8 Buchstaben
SKORPION

10 Buchstaben
KÖNIGINNEN

TEST: BIST DU BEREIT FÜR DAS ABENTEUER AM NIL?

Finde es heraus, indem du die zehn Expeditionsfragen beantwortest.

1. Worauf musst du dich im Land der Pharaonen einstellen?

- ○ Sandwüste
- ○ Birkenwald
- ○ Sumpfgebiet

2. Wenn es sehr heiß ist, ist es wichtig, …

- ○ einen Kompass dabei zu haben.
- ○ viel Wasser zu trinken.
- ○ einen Sonnenhut zu tragen.

3. Ägypten liegt auf dem afrikanischen Kontinent …

- ○ im Norden.
- ○ im Osten.
- ○ Stimmt nicht, Ägypten liegt in Europa.

4. Ein Archäologe ist ein …

- ○ Dinosaurier.
- ○ Wissenschaftler.
- ○ Altertumsforscher.

5. In der Nähe der Stadt Luxor wurden 500 Jahre lang die Herrscher Ägyptens bestattet. Wie heißt dieser Ort?

- ○ Pharaonenfriedhof
- ○ Tal der Könige
- ○ Verborgenes Land

6.

Der britische Forscher Howard Carter fand das Grab des Pharaos Tutanchamun bei einer ...

○ Ausgrabung.

○ Schiffsreise.

○ Ägyptenexpedition.

7.

Egal ob im fernen Ägypten oder zu Hause – welcher Gegenstand ist bei einer Entdeckungstour sehr nützlich?

○ Pausenbrot

○ Notizblock

○ Taschenlampe

8.

Welche Eigenschaft sollte eine Forscherin mitbringen?

○ Ausdauer

○ Neugierde

○ Hektik

9.

Aus welchem Material bestanden die vielen glänzenden Schätze im Grab des Pharaos?

○ Eisen

○ Ton

○ Gold

10.

Unbekanntes zu erforschen ...

○ finde ich spannend.

○ ist echte Zeit-verschwendung.

○ kann lange dauern.

Gut gemacht. Welche farbige Sonne hast du am häufigsten angekreuzt?

Die Auflösung findest du auf Seite 77.

10 GEMACHT!

41

SECRET MESSAGES

Geheime Botschaften – für dich no problem. Ersetze mithilfe des Codes auf der Tafel die Symbole durch Buchstaben und entschlüssle die englischen Nachrichten.

43

Silbenfluch

Setze die Silben zu zehn sinnvollen Wörtern zusammen und schreibe sie mit Artikel auf.

 ter
 Py
 ra
 Ka
 fer
 Kat
 mi

1. _____

2. _____ Schrift

 le

3.  _____ Anch

 he

4.  _____

5.  _____ tru

6.  _____ cher

 Kä

7. _____

den

8.  _____

ze

9. _____

Zep

10. _____

 Fä   rol    Schatz    ko    10 GEMACHT!

 mel    phag   Sar

EINS, ZWEI, DREI ... TAUSEND!

Welche Zahlen verstecken sich hinter den Symbolen?
Trage sie unten in die Kästchen ein.

10	20	30	40	50	60	70	80	90	100
			~			170		☥	
🐂									300
410				🪲					
			540				🐦		
		👁				🌱			
					🐈				
810									900
	☉						🪶	990	

~	☥	🐂	🪲	🐦	👁	🌱	🐈	☉	🪶

10 GEMACHT!

45

meine TOP 10!

Fülle die Liste aus!

Vierblättriges Kleeblatt

Einen echten Schatz!

10 Dinge,
die ich gerne entdecken würde

1. _____

2. _____

3. _____

4. _____

5. _____

6. _____

7. _____

8. _____

9. _____

10. _____

10 GEMACHT!

HiDDEN WORDS

Versteckte Wörter – findest du ganz leicht. In jedem der zehn englischen Wörter ist ein anderes englisches Wort verborgen. Suche diese Wörter und kreise sie ein.

1. **mummy**
2. **SAND**
3. **CAT**
4. **PINK**
5. **LORD**
6. **SCARAB**
7. **MONARCH**
8. **FORTUNATE**
9. **BRING**
10. **SESAME**

CAR

TUNA

INK

OR

SAME

ARCH

RING

AND

AT

MUM

and – und
arch – der Bogen
at – bei
car – das Auto
tortunate – glücklich
ink – die Farbe
mum – Mama

mummy – die Mumie
or – oder
ring – der Ring
same – gleich
scarab – der Skarabäus (Käfer)
sesame – Sesam
tuna – der Thunfisch

10 GEMACHT!

47

BUCHSTABENCHAOS

Kannst du diese rätselhaften Buchstabenanordnungen entschlüsseln? Bringe die Buchstaben in die richtige Reihenfolge und schreibe die Wörter auf die Linien.

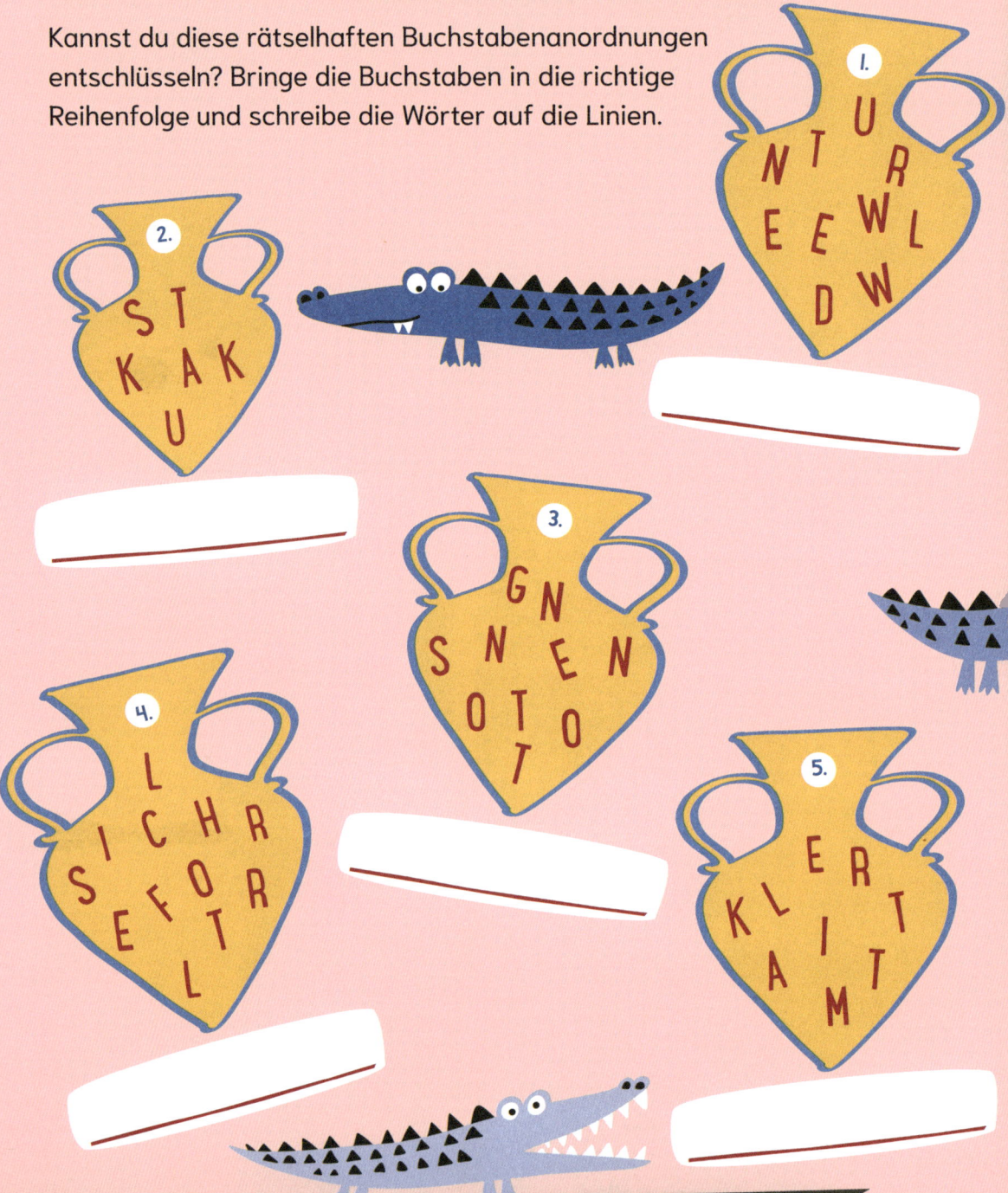

49

Verschlüsselte Aufgaben

Welches Bild steht für welche Zahl?
Schreibe die Zahlen in die Kästchen über den Bildern.

1. $15 + $  $= 27$

2. [Katze] $+$ [Katze] $=$ [Pharao]

3. [Mumie] $-$ [Ankh] $= 25$

4. [Pharao] $-$ [Katze] $- 1 = $ [Ankh]

5. [Anubis] $+$ [Kamel] $= $ [Mumie]

6. [Kamel] $\cdot$ [Kamel] $= 16$

7. [Mumie] $+$ [Katze] $+ 14 = $ [Sphinx]

8. [Skarabäus] $= 100 - 40$

9. [Skarabäus] $+$ [Stäbe] $+$ [Kamel] $= 100$

10. [Käfer] $+$ [Käfer] $=$ [Katze] $-$ [Kamel]

50

Geheimnisvolle Gänge

Grabschätze

10 Dinge,
die sich im Inneren einer Pyramide befinden

1. _____
2. _____
3. _____
4. _____
5. _____
6. _____
7. _____
8. _____
9. _____
10. _____

Richtig oder falsch?
Pharaonenfakten im Check

Als echter Ägyptenfan kennst du dich locker aus. Check die Fakten und kreuze an, ob die Aussage stimmt oder nicht.

1. Für König Cheops wurde in Giseh eine zwei Meter hohe Pyramide gebaut.

   Richtig ◯   Falsch ◯

2. Tutanchamun starb im Jahr 1327 v. Chr. vermutlich bereits im Alter von 18 Jahren.

   Richtig ◯   Falsch ◯

3. Auch Frauen konnten Pharaonin werden. Eine Königin auf dem Thron des alten Ägypten hieß Hatschepsut und regierte 20 Jahre lang das Land.

   Richtig ◯   Falsch ◯

4. Der fruchtbare Schlamm der jährlichen Nilflut ermöglichte es den Bauern, Sonnenblumen anzupflanzen.

   Richtig ◯   Falsch ◯

5. Der Nil ist mit einer Gesamtlänge von 6852 Metern der längste Fluss der Welt.

   Richtig ◯   Falsch ◯

6. Ramses II. herrschte 67 Jahre. Er baute mehr Denkmäler und stellte mehr Statuen auf als jeder andere Pharao.

Richtig ◯   Falsch ◯

7. Die Kinder im alten Ägypten spielten mit Puppen, Rasselbällen und Kreiseln.

Richtig ◯   Falsch ◯

8. Der Gott der Toten und der Mumifizierung hieß Anubis. Er ist gut an seinem Hundekopf zu erkennen.

Richtig ◯   Falsch ◯

9. Im Grab des Königs Tutanchamun fand man neben vielen Beigaben aus Gold auch einen Fußball.

Richtig ◯   Falsch ◯

10. Als Hieroglyphen bezeichnet man einen Sandsturm in der Wüste.

Richtig ◯   Falsch ◯

10 GEMACHT!

53

RECHENBÄNDER

Auf den Verbänden der kleinen, frechen Mumien stehen Jahrtausende alte Kettenaufgaben. Kannst du sie lösen? Schreibe die Ergebnisse in die Fetzen der Mumienbinden.

1. $4 + 55 + 1 - 13 - 7 =$

2. $43 - 34 \cdot 2 + 2 + 10 =$

3. $5 \cdot 4 \cdot 10 + 11 - 9 =$

4. $50 : 2 + 3 + 3 - 31 =$

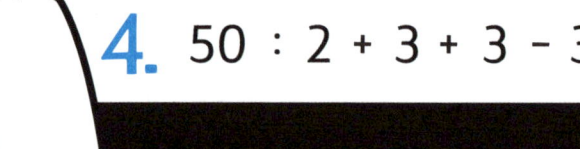

5. $37 + 26 - 11 + 8 + 62 =$

Tipp: „Punkt vor Strich" gilt hier nicht.

6. $12 + 12 : 6 \cdot 7 + 15 =$

7. $310 + 50 : 6 + 70 \cdot 2 =$

8. $95 - 5 - 9 : 9 : 3 =$

9. $450 - 120 + 110 - 40 + 350 =$

10. $960 : 60 : 4 \cdot 2 + 8 =$

KNACK DEN CODE!

Finde heraus, welche Zahl für welchen Buchstaben steht, und entschlüssle die zehn Wörter.

1.

8	3	4	3	5

2.

5	Ä	2	1	3	10

3.

1	2	3	5	7

4.

1	2	3	9	7

5.

8	6	5	1	C	H	3	5

6.

3	7	2	4	3	C	K	3	5

7.

5	3	9	1	3

8.

K	A	M	M	3	5

9.

8	5	6	1	C	H

10.

A	10	2

Tipp:

Hier kannst du die Buchstaben eintragen, die du bereits herausgefunden hast.

1	2	3	4	5	6	7	8	9	10
		E					F		

56

10 GEMACHT!

KÄFER-ZWILLINGE

Jeweils zwei Käfer sind gleich. Kannst du erkennen, welche?
Notiere unten zu jedem Käfer den Buchstaben des passenden
Gegenstücks.

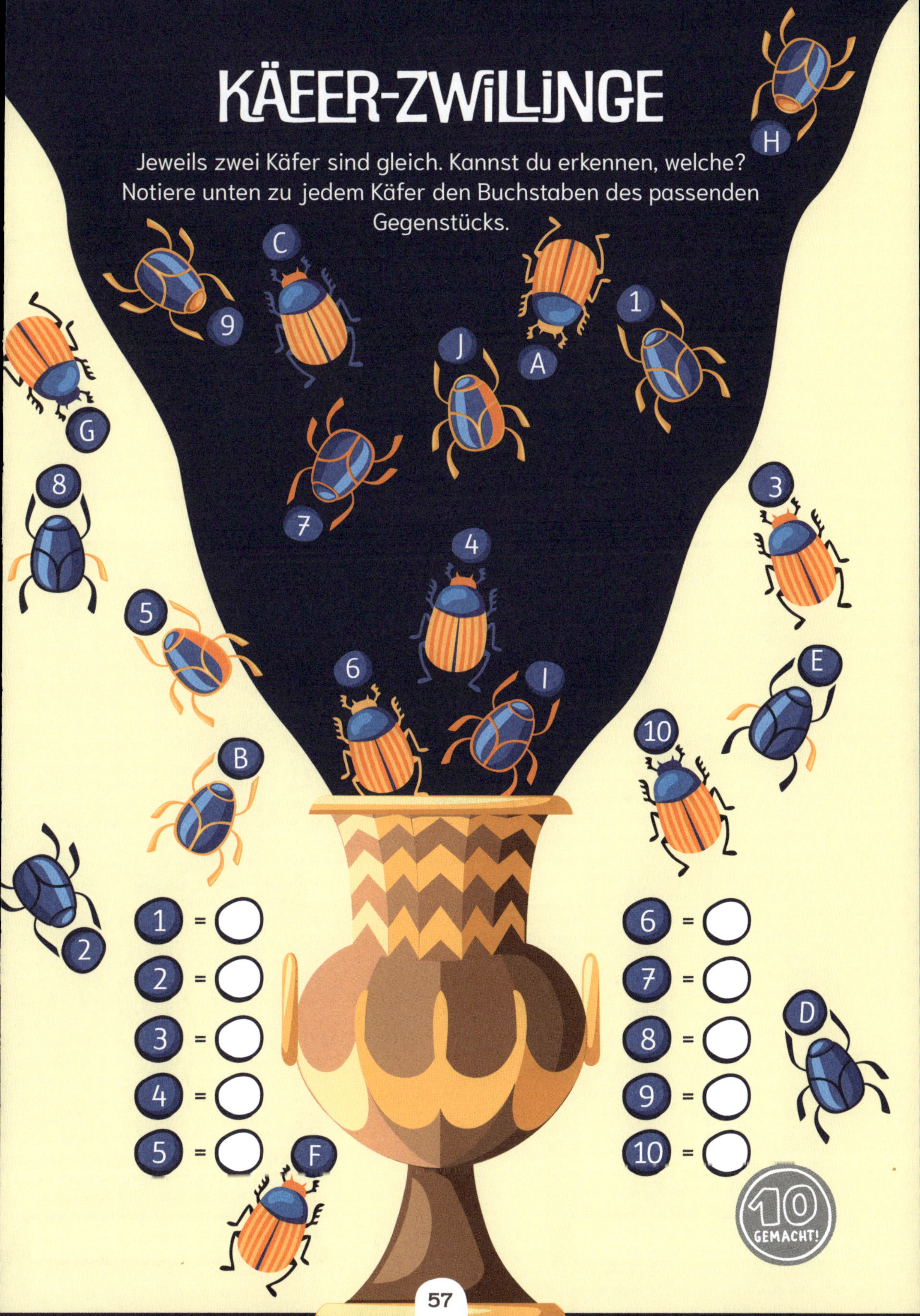

1 = ◯

2 = ◯

3 = ◯

4 = ◯

5 = ◯

6 = ◯

7 = ◯

8 = ◯

9 = ◯

10 = ◯

RÄTSELHAFTE KREISE

Ersetze die Fragezeichen durch Buchstaben und schreibe die zehn Rätselbe-griffe auf. An welcher Stelle das Wort beginnt, musst du selbst herausfinden.

1.

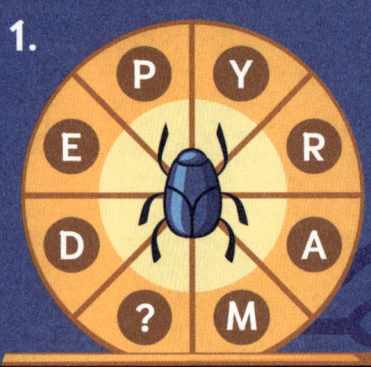 

2.

3.

4.

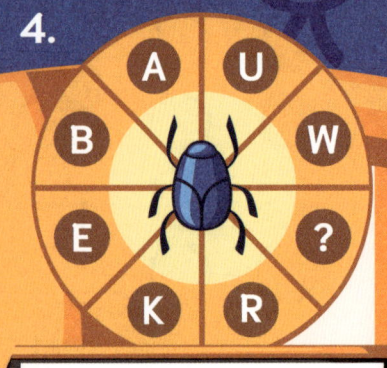

5.

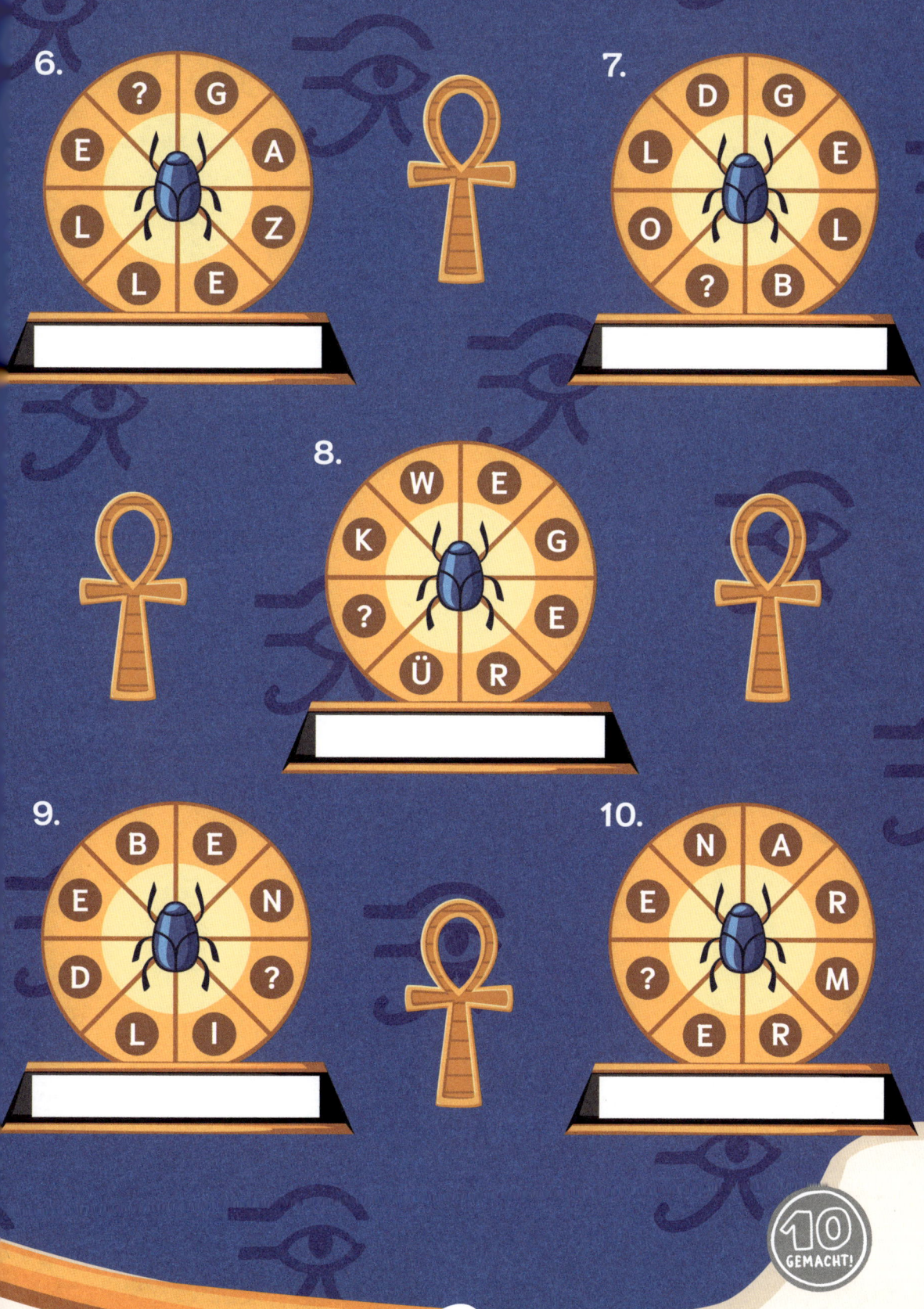

meine TOP 10!

Fülle die Liste aus!

10 Orte,
die verflucht sein könnten

Schultoilette

Dunkle Höhle

1. _____
2. _____
3. _____
4. _____
5. _____
6. _____
7. _____
8. _____
9. _____
10. _____

10 GEMACHT!

Pyramidenrätsel

Ä wie Ägypten. In diesem Pyramidenrätsel ist in jedem gesuchten Wort der Umlaut Ä enthalten. An welcher Stelle er steht, verraten dir die farbig markierten Kästchen.

1. Ausruf der Verwunderung
2. Brummendes Tier
3. Dritter Monat im Jahr
4. Großes Gewächs (Mehrzahl)
5. Begriff für auf Reisen mitgenommene Taschen und Koffer
6. Einwohner Ägyptens
7. Kleines Paket
8. Aufgerichtete Körperbehaarung, wenn es gruselig wird
9. Haarschmuck aus Stoff (Mehrzahl)
10. Mädchen, das acht Jahre alt ist

Pha-ra-doku

Hilf dem Herrscher vom Nil
die geheimnisvollen Zahlenrätsel zu lösen.

So gehts:
In jeder Zeile (waagerechte Reihe), in jeder Spalte (senkrechte Reihe) und in
jedem kleinen Quadrat dürfen die Zahlen 1 bis 4 jeweils nur **einmal** vorkommen.

1.

			4
	4	3	1
	3		
		1	

2.

3	4	1	
	2		
		2	
	1	4	3

3.

3			1
4			2
	1	4	

4.

	3	4	
4			2
1			3
	2	1	

5.

2	1		
		3	
1		2	4

6.

2	1		
		1	
	3	2	
4	2		

7.

		4	
	3		
		3	
	2		

8.

1		4	
		3	
	2		
3			

9.

4		1	
			3
1		3	

10.

1			
	2		
3			1

GEMACHT!

MAGIC 4

Magische 4 – immer vier Wörter mit je vier Buchstaben ergeben ein Lösungswort mit ebenfalls vier Buchstaben. Setze diese englischen Wörter an den richtigen Stellen ein und streiche sie in der Liste weg:

BALL BATH BIRD BOOK
BUSH BUSY CAKE CHIN
DEAL DENT DOGS EASY
FIRE FLAG FOOD HAIR
HARD HERO HOUR LUCK
MEAL MOOD NECK NOSE
OPEN PLAY RAIN ROCK
ROPE ROOT SIGN SKIN
SOAP SONG SOON TEAM
TRAP TRIP WEEK WOOD

1.

B | | | D
| | L | |
B | | | | K
| | | | H
| T | | | M

2.

| C | | | N
B | | | | H
| R | | | E
M | | | D

3.

| F | | | D
H | | | R
| S | | | P
| H | | | D

4.

| T | | | P
F | | | E
| M | | | L
H | | | O

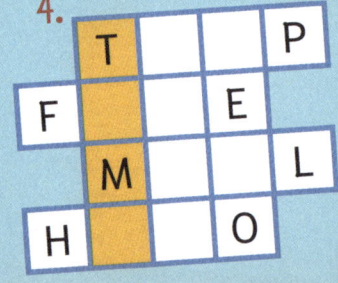

ball = Ball	busy = beschäftigt	dogs = Hunde	hair = Haar	meal = Mahlzeit
bath = Bad	cake = Kuchen	easy = leicht	hard = hart	mood = Stimmung
bird = Vogel	chin = Kinn	fire = Feuer	hero = Held	neck = Nacken
book = Buch	deal = Geschäft	flag = Flagge	hour = Stunde	nose = Nase
bush = Busch	dent = Delle	food = Essen	luck = Glück	open = offen

5.
S · · N
B · · K
F · · · G
· D · · L

6.
N · · · K
· R · · N
O · · · N
S · · · G

7.
· H · · R
· W · · K
· P · · Y
R · · · T

8.
· S · · N
E · · Y
S · · N
W · · D

9.
· B · · Y
R · · K
C · · E
· T · · P

10.
D · · S
N · · E
B · · L
· D · · T

play = spielen · sign = Zeichen · team = Team
rain = Regen · skin = Haut · trap = Falle
rock = Stein · soap = Seife · trip = Ausflug
rope = Seil · song = Lied · week = Woche
root = Wurzel · soon = bald · wood = Wald

10 GEMACHT!

meine TOP 10!

Fülle die Liste aus!

Eine funkelnagelneue 1-Euro-Münze

Lieblings-schlüsselanhänger

meine
10 Schätze,
die zwar glänzen, aber nicht aus Gold sind

1. _____

2. _____

3. _____

4. _____

5. _____

6. _____

7. _____

8. _____

9. _____

10. _____

10 GEMACHT!

WELCHE ZAHL KOMMT ALS NÄCHSTE?

Hier ist Köpfchen gefragt. Finde die Zahlenregeln und setze die Reihe fort.

Regel:

1. 14, 16, 18, 20, 22 ? _____

2. 5, 7, 6, 8, 7 ? _____

3. 75, 72, 69, 66, 63 ? _____

4. 3, 30, 300 ? _____

5. 73, 63, 53, 43, 33, 23 ? _____

6. 10, 11, 13, 16, 20 ? _____

7. 8, 16, 24, 32, 40, 48 ? _____

8. 225, 230, 235, 240, 245 ? _____

9. 413, 403, 408, 398, 403, 393 ? _____

10. 51, 102, 204, 408 ? _____

10 GEMACHT!

Wort gesucht

Setze die Buchstaben an den richtigen Stellen im Hunderterfeld ein.
Hast du alle Buchstaben richtig platziert, ergeben sie von oben nach unten
gelesen das Lösungswort.

83 = O

76 = I

23 = X

31 = E

35 = D

12 = E

1	2	3	4	5	6	7	8	9	10
11		13	14	15	16	17	18	19	20
21	22		24	25	26	27	28	29	
	32	33	34		36	37	38	39	40
41	42	43	44	45	46	47	48	49	50
51	52	53	54	55	56		58		60
61	62	63	64	65	66	67	68	69	70
71	72	73	74	75		77	78	79	80
81	82		84	85	86	87	88	89	90
91	92	93	94	95	96	97	98		100

99 = N

30 = P

57 = I

59 = T

10 GEMACHT!

FiLL iN THE GAP

Fülle die Lücke. Ergänze die Wörter mit den richtigen Buchstaben.

1. QUEE _ _

2. C _ FFIN

3. G _ D

4. PAL _ TREE

5. ANCIE _ T

6. _ GYPT

7. _ ESERT

8. P _ ARAOH

9. SPHIN _

10. SARCOPH _ GUS

ancient – alt, coffin – der Sarg,
desert – die Wüste, Egypt – Ägypten,
god – der Gott, palm tree – die Palme,
pharaoh – der Pharao, queen – die Königin,
sarcophagus – der Sarkophag,
sphinx – die Sphinx

10 GEMACHT!

6.

Meine Sonnenzahl ist viermal so groß wie die Summe aus 4 und 3. Wie heißt meine Sonnenzahl?

7.

Meine Sonnenzahl liegt zwischen 30 und 40 und lässt sich ohne Rest durch 6 teilen. Wie heißt sie?

8.

Ich multipliziere meine Sonnenzahl mit 5, ziehe dann 100 ab und erhalte 25. Wie heißt meine Sonnenzahl?

9.

Wenn du meine Sonnenzahl durch 5 teilst und dann 25 dazu zählst, erhältst du 30. Wie heißt meine Sonnenzahl?

10.

Welche Sonnenzahl erhältst du, wenn du 48 durch 4 teilst, zum Ergebnis 6 addierst und dann durch 2 teilst?

meine TOP 10!

Fülle die Liste aus!

Jedes Kind bekommt ein neues Fahrrad.

10 Dinge,
die ich als Pharaonin oder Pharao bestimmen würde

Längere Sommerferien!

1. _____
2. _____
3. _____
4. _____
5. _____
6. _____
7. _____
8. _____
9. _____
10. _____

10 GEMACHT!

ZEITREISE

Hoppla, hier haben sich zehn Dinge eingeschlichen, die es zur Zeit der Pharaonen noch nicht gab. Kreise sie ein.

10 GEMACHT!

Lösungen

Seite 4

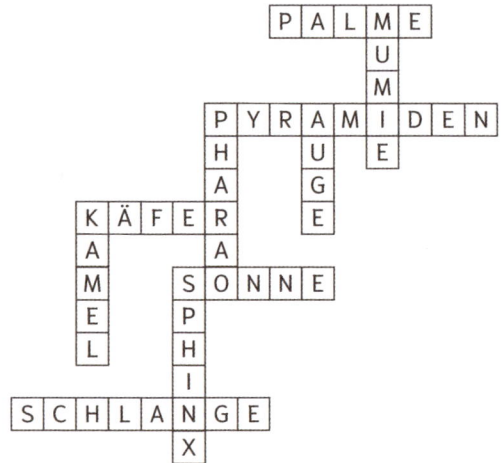

Seite 5

1. $14 + 78 > 54$
2. dreihundertsiebenundfünfzig > 212
3. $74 - 14 = 360 : 6$
4. $12 \cdot 3 = 6 \cdot 6$
5. $501 - 9 < 498$
6. $44 \cdot 10 <$ siebenhundertvierundvierzig
7. dreiundneunzig $> 324 - 302$
8. $7 + 4 + 12 < 5 + 8 + 23$
9. $17 + 40 - 4 < 90 - 4 + 4$
10. $2 + 225 > 25 \cdot 5$

Seite 6

seven — four
two — nine
ten — eight
one — three
six — five

Seite 7

0	1	0	0	1	0	1	0	1	1
0	0	1	1	0	1	1	0	1	0
1	1	0	1	1	0	0	1	0	0
0	1	1	0	0	1	0	0	1	1
0	0	1	0	1	0	1	1	0	1
1	0	0	1	0	1	1	0	1	0
1	1	0	1	0	1	0	1	0	0
0	0	1	0	1	0	1	0	1	1
1	1	0	0	1	0	0	0	1	1
1	0	1	1	0	1	0	1	0	0

Seite 9

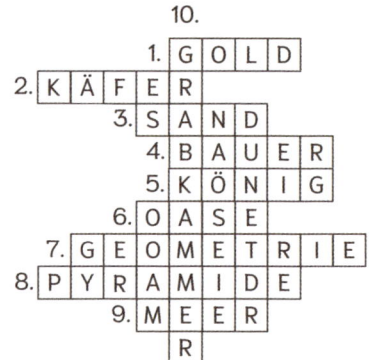

10.
1. GOLD
2. KÄFER
3. SAND
4. BAUER
5. KÖNIG
6. OASE
7. GEOMETRIE
8. PYRAMIDE
9. MEER

Seite 10

1. SCHATZKAMMER, 2. SCHRIFTZEICHEN,
3. KÖNIGSPALAST, 4. SONNENGOTT,
5. FORSCHERTEAM, 6. WÜSTENSAND,
7. TREPPENSTUFEN, 8. PYRAMIDENEINGANG,
9. KAMELRITT, 10. NILDELTA

Seite 11

Seite 12

1. 9:15 Uhr
2. 1:10 Uhr
3. 8:30 Uhr
4. 7:00 Uhr
5. 6:35 Uhr
6. 11:10 Uhr
7. 1:50 Uhr
8. 2:20 Uhr
9. 3:45 Uhr
10. 11:55 Uhr

Seite 13

1. LÖWENKÖRP~~ER~~ (LÖWENKÖRPER, with /)
2. MUMM~~I~~FIZIERUNG
3. SONNENGO~~D~~TT
4. GRAB~~S~~KAMMER
5. AMUL~~L~~ETT
6. OBELIS~~C~~K
7. KAMEL~~L~~E
8. PHARAOHNENGRAB
9. L~~B~~ABYRINTH
10. SKARABÄ~~X~~US

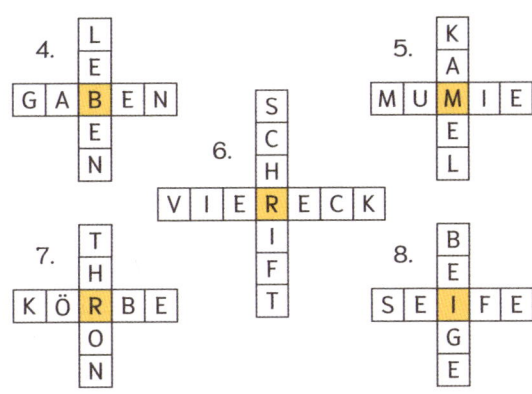

```
4.    L                           5.    K
      E                                 A
G A B E N           S                 M U M I E
      E             C                       E
      N          6. H                       L
                   VIERECK                   L
7.    T             I                   8.  B
      H             F                       E
K Ö R B E           T                     S E I F E
      O                                     G
      N                                     E
```

```
          Ä                         O
          F                         B
9.  D R A C H E N         10. M Ö G L I C H
          H                         I
          E                         S
          N                         K
```

Seite 14–15

1. WÜSTE
2. SONNE
3. AUGE
4. SPHINX
5. ÄGYPTEN
6. VOLK
7. STAB
8. THRON
9. KATZE
10. BLAU

Seite 16

Es gibt viele Wörter, die aus dem Wort
PHARAONENTEMPEL gebildet werden können.
Hier sind einige Beispiele:
AMPEL, HAAR, HAARE, HORMON, LAMPE,
LAPPEN, MARONEN, NEON, OHREN, PAAR, PAARE,
RAHM, RAMPE, ROH, ROMAN, ROT, TANNE, TEER,
TONNE, TONNEN

Seite 18–19

```
1.    F          2.    G          3.    T
      A                Ä                A
H A L L E        K Ö N I G        F L U C H
      K                G                B
      E                E                E
```

Seite 20–21

1.
```
      167
   137   30
  120  17  13
```

2.
```
      222
   11   211
  1   10   201
```

3.
```
      311
  111   200
  10  101  99
```

4.
```
      525
  320   205
 170  150  55
```

5.
```
      890
  470   420
 65  405  15
```

6.
```
      600
  240   360
 70  170  190
```

7.
```
      1000
  770   230
 600  170  60
```

8.
```
      1000
  205   795
 95  110  685
```

9.
```
      449
  236   213
 234  2  211
```

10.
```
      324
  47   277
 28  19  258
```

Seite 22

1. $117 + 63 = \mathbf{180}$
2. $2\mathbf{7}6 - 5\mathbf{3} = 223$
3. $\mathbf{130} + 68 = 198$
4. $111 + \mathbf{323} = 434$
5. $\mathbf{310} - 75 = 235$
6. $97 - 73 = \mathbf{24}$
7. $\mathbf{38} + 485 = 523$
8. $212 - \mathbf{107} = 105$
9. $476 + 285 = \mathbf{761}$
10. $\mathbf{795} + 123 = 918$

Seite 24-25

1.

W	E	T	F	D	E	C	V
H	G	Z	T	B	U	Ä	F
Y	D	V	N	N	M	S	I
A	Y	X	Q	P	E	D	B
P	Y	R	A	M	I	D	E
V	Ü	R	T	S	C	H	E
A	R	B	S	C	V	K	R
T	Y	S	W	E	C	G	T

2.

P	D	Ä	C	B	T	S	X
O	Ü	G	E	X	F	T	A
L	X	Y	Y	G	M	S	C
F	I	P	E	P	X	V	Z
V	A	T	B	N	N	E	M
T	I	E	O	C	H	S	E
B	E	N	K	L	O	G	S
S	V	G	T	E	R	R	Ä

3.

L	Ö	P	D	E	C	V	G
T	S	X	T	R	J	U	V
F	D	E	R	K	L	O	T
D	C	B	N	N	E	W	A
S	C	D	L	P	F	V	T
C	G	A	G	A	D	G	F
D	E	G	Ö	T	T	E	R
E	R	I	L	L	B	H	J

4.

D	C	N	K	I	O	Ü	H
F	D	Ä	Y	F	D	V	X
C	V	B	D	E	R	W	Y
L	D	V	E	T	R	A	D
C	G	H	Z	T	V	S	Ü
A	W	C	V	G	H	S	N
H	V	G	B	E	R	E	Y
E	T	C	V	H	W	R	P

5.

R	W	S	D	T	E	R	V
H	B	N	Z	Z	I	N	H
Z	G	F	R	D	W	S	C
P	O	D	Ü	E	Ä	D	C
V	T	V	T	S	W	A	Q
M	V	S	E	R	W	C	F
E	Ü	V	M	E	R	D	T
W	D	V	G	T	E	D	R

6.

G	B	X	E	R	C	V	F
T	N	H	U	T	G	H	Z
S	W	E	R	T	V	C	F
R	G	D	C	V	K	L	S
O	Ö	S	Y	D	D	C	V
G	T	W	W	C	F	D	C
V	G	T	E	D	R	G	B
F	L	U	C	H	K	F	C

7.

D	S	W	X	D	C	V	B
Ö	P	F	G	T	E	D	W
D	F	E	O	R	G	W	X
V	G	T	E	A	N	M	K
Y	A	W	X	D	S	E	W
Ä	T	V	X	D	R	E	H
C	F	V	G	T	E	W	A
S	D	E	R	T	V	B	M

8.

O	R	P	F	J	Ü	S	D
C	V	A	C	I	S	K	W
V	N	P	B	V	D	L	S
D	S	Y	D	G	C	O	C
E	T	R	F	D	V	E	E
R	R	U	R	C	G	P	F
F	D	S	E	F	T	D	G
B	T	E	S	S	E	V	T

9.

Ö	S	E	C	V	B	H	Z
T	R	E	D	L	Ü	D	C
V	V	V	Y	T	D	E	R
F	D	C	N	E	E	R	S
T	B	N	H	Z	N	I	L
Ä	A	Y	X	V	F	T	E
D	C	G	G	H	J	U	T
Z	E	C	V	L	O	P	Q

10.

P	S	C	F	R	E	D	C
H	Z	T	A	X	W	E	R
N	M	K	I	L	Z	O	P
S	D	C	G	T	H	D	E
G	P	O	C	M	B	G	T
W	O	R	T	Z	G	B	H
Q	H	L	F	M	X	C	B
W	E	T	D	Y	S	X	D

Seite 26

SOMMER	ZEIT	ALTER
GOLD	RING	KAMPF
SONNEN	UHR	ZEIT
WÜSTEN	SAND	UHR
NIL	PFERDE	STALL
GRAB	KAMMER	TON
ABENTEUER	FILM	ABEND
HERRSCHER	SITZ	KISSEN

WASSER	TANK	WAGEN
WELT	REISE	BUS

Seite 27

mummy – dummy, king – ring, snake – cake,
blue – true, rose – nose, hello – yellow,
sun – run, seven – eleven, tall – ball, day – hay

Seite 29

1.   2.   3.   4.   5.

6.   7.   8.   9.   10.

Seite 30-31

1. WASSERVOGEL, 2. PHARAO, 3. WÜSTENSAND,
4. SCHATZKAMMER, 5. DREIECK, 6. OPFERGABE,
7. MUMIEN, 8. SCHRIFTROLLE, 9. NILDELTA,
10. SONNENGOTT

Seite 32

1. Bäcker (kein Adelstitel)
2. herrschen (kein Adjektiv)
3. Brotkasten (kein Baumaterial)
4. Kugelschreiber (gab es im alten Ägypten noch nicht)
5. Gletscher (kein Zusammenhang mit der Wüste)
6. alt (beschreibt das Gegenteil der anderen Adjektive)
7. Hauptbahnhof (Eisenbahnen gab es im alten Ägypten nicht)
8. anmalen (keine Tätigkeit eines Forschers)
9. Gurken (kein altägyptisches Nahrungsmittel)
10. Robinson (keine altägyptische Gottheit)

Seite 34

Jede Pyramide ist ein **KÖNIGSGRAB**, das ein Pharao für sich errichten ließ. Es sollte ihm den Übergang in das **TOTENREICH** erleichtern. Die riesigen Bauwerke wurden aus Hunderttausenden **STEINBLÖCKEN** errichtet. Die Pyramiden von Giseh gehören zu den sieben **WELTWUNDERN** der Antike. Die größte der drei, die **CHEOPS–PYRAMIDE**, wird auch Große Pyramide genannt und ist 147 Meter hoch.

Im alten Ägypten war **SCHREIBER** ein angesehener Beruf. Ungefähr 700 Zeichen einer kunstvollen Bilderschrift mussten sie beherrschen. Diese Zeichen nennt man **HIEROGLYPHEN**. Sie wurden in **STEINPLATTEN** gemeißelt oder auf Schriftrollen aus **PAPYRUS** notiert. Diese Pflanze wuchs an den Ufern des Flusses **NIL**.

Seite 35

1. FAN — A
2. CACTUS — I
3. SCORPIO — B
4. PYRAMIDS — E
5. BLACK CAT — D
6. DOCUMENT — G
7. EYE — C
8. CROWN — H
9. PHARAOH — F
10. PALM TREE — J

Seite 36

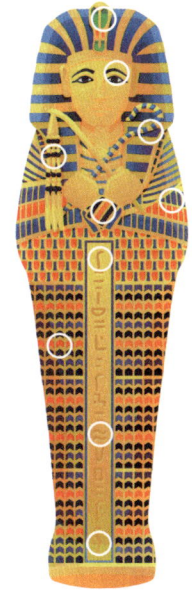

Seite 37

Seite 38

S R S **HEIß** H J E E T **HUT** ß E C A Ö T **NIL** X
B **MUMIE** K C **AUGE** Ä K K T **BINDE** V G N
EXPEDITIONSZELT E W R R T R P **ROT**
Y **HUND** S X **GABE** S W R T

Seite 39

Seite 40-41

Gelbe Sonnen: Bravo! Hier kennt sich jemand richtig gut aus und ist bereit für das Abenteuer am Nil. Wer so viel weiß wie du, sollte locker jedes Geheimnis lüften, und vielleicht führt dich deine Kombinationsgabe sogar zu einem dicken Pharaonenschatz. Los gehts!

Lila Sonnen: Gut gemacht, du bist meistens auf der richtigen Spur und für das Abenteuer am Nil gut vorbereitet. Und wenn du doch mal Unterstützung brauchst – kein Problem! Im Team macht eine Expedition sowieso mehr Spaß. Also, Schalter rum und Entdecker–Modus an.

Orangefarbene Sonnen: Ernst jetzt? Du stürzt dich kopfüber in das Abenteuer am Nil, obwohl du von einer Expedition und den Gegebenheiten vor Ort wenig bis gar nichts weißt. Das ist ziemlich riskant. Vielleicht überdenkst du dein Vorhaben noch einmal, damit du nicht als Mumie endest.

Seite 42-43

1. HELLO, 2. HOW ARE YOU?, 3. WHAT'S YOUR NAME?, 4. EIGHT, 5. THANK YOU, 6. IN THE MORNING, 7. I LIKE FLOWERS, 8. IT IS HOT, 9. MY NAME IS RAMSES, 10. I'M FROM EGYPT

Seite 44

1. der Kä – fer, 2. die Schrift – rol – le, 3. der Fä – cher, 4. die Schatz – tru – he, 5. der Sar – ko – phag, 6. das Zep – ter, 7. die Py – ra – mi – den, 8. die Kat – ze, 9. das Ka – mel, 10. das Anch

Seite 45

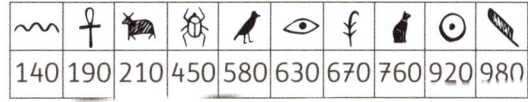

∿	⚚	🐂	🪲	𓅱	👁	♀	🐱	☉	🪶
140	190	210	450	580	630	670	760	920	980

Seite 47

1. **MUM**MY, 2. S**AND**, 3. C**AT**, 4. P**IN**K,
5. L**OR**D, 6. SC**ARAB**, 7. MON**ARCH**,
8. FOR**TUNA**TE, 9. B**RING**, 10. SES**AME**

Seite 48-49

1. WELTWUNDER, 2. KAKTUS, 3. SONNENGOTT,
4. SCHRIFTROLLE, 5. KAMELRITT, 6. WASSER,
7. KRUG, 8. GÖTTER, 9. NILUFER, 10. ARCHÄOLOGIE

Seite 50

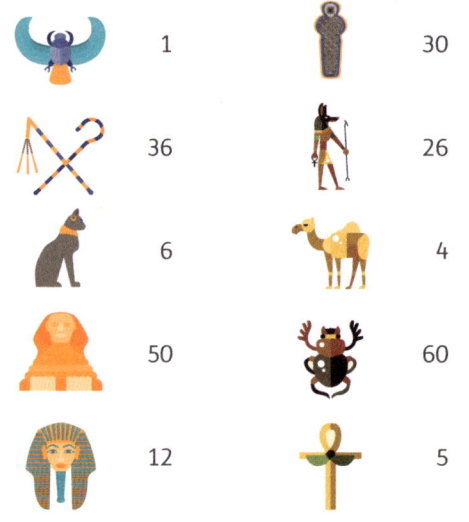

1	30
36	26
6	4
50	60
12	5

Seite 52-53

1. Falsch. Die Pyramide ist 147 Meter hoch.
2. Richtig.
3. Richtig.
4. Falsch. Die Bauern pflanzten Getreide wie
   Gerste und Emmer an.
5. Richtig.
6. Richtig.
7. Richtig.
8. Richtig.
9. Falsch. Man fand viele Gegenstände,
   darunter ein Senet–Spiel (Brettspiel), aber
   keinen Fußball.
10. Falsch. Hieroglyphen werden die
    Schriftzeichen der Ägypter genannt.

Seite 54-55

1. 40, 2. 30, 3. 202, 4. 0, 5. 122, 6. 43, 7. 260,
8. 3, 9. 750, 10. 16

Seite 56

1. Feder, 2. Rätsel, 3. Stern, 4. Stein, 5. Forscher,
6. entdecken, 7. Reise, 8. Kammer, 9. Frosch,
10. alt

1.	2.	3.	4.	5.	6.	7.	8.	9.	10.
S	T	E	D	R	O	N	F	I	L

Seite 57

1 + B, 2 + D, 3 + F, 4 + C, 5 + J, 6 + A, 7 + I, 8 + E,
9 + H, 10 + G

Seite 58-59

1. PYRAMIDE
2. RATETEAM
3. SANDKORN
4. BAUWERKE
5. LACHMÖWE
6. GAZELLEN
7. GOLDGELB
8. RÜCKWEGE
9. EBENBILD
10. REGENARM

Seite 61

1. HÄ
2. BÄR
3. MÄRZ
4. BÄUME
5. GEPÄCK
6. ÄGYPTER
7. PÄCKCHEN
8. GÄNSEHAUT
9. HAARBÄNDER
10. ACHTJÄHRIGE

Seite 62-63

1.

3	1	2	4
2	4	3	1
1	3	4	2
4	2	1	3

2.

3	4	1	2
1	2	3	4
4	3	2	1
2	1	4	3

3.

3	4	2	1
1	2	3	4
4	3	1	2
2	1	4	3

4.

2	3	4	1
4	1	3	2
1	4	2	3
3	2	1	4

5.

3	4	1	2
2	1	4	3
4	2	3	1
1	3	2	4

6.

2	1	4	3
3	4	1	2
1	3	2	4
4	2	3	1

7.

2	1	4	3
4	3	2	1
1	4	3	2
3	2	1	4

8.

1	3	4	2
2	4	3	1
4	2	1	3
3	1	2	4

9.

4	3	1	2
2	1	4	3
3	4	2	1
1	2	3	4

10.

1	3	4	2
4	2	1	3
3	4	2	1
2	1	3	4

Seite 67

1.	24	Regel: + 2
2.	9	Regel: im Wechsel + 2, − 1
3.	60	Regel: − 3
4.	3000	Regel: · 10
5.	13	Regel − 10
6.	25	Regel: + 1, + 2, + 3, + 4, + 5
7.	56	Regel: + 8
8.	250	Regel: + 5
9.	398	Regel: im Wechsel −10, + 5
10.	816	Regel: · 2

Seite 68

Das Lösungswort ist EXPEDITION.

Seite 69

1. QUEE**N**
2. C**O**FFIN
3. G**O**D
4. PAL**M** TREE
5. ANCIE**N**T
6. **E**GYPT
7. **D**ESERT
8. P**H**ARAOH
9. SPHIN**X**
10. SARCOPH**A**GUS

Seite 70–71

1. 8, 2. 67, 3. 19, 4. 90, 5. 28, 6. 28, 7. 36, 8. 25, 9. 25, 10. 9

Seite 64–65

1.

2.

3.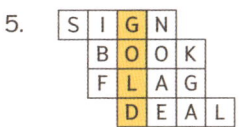

4.

5.

6.

7. (crossword)

8. (crossword)

9. (crossword)

10. (crossword)

Seite 73

Bibliografische Information der Deutschen Nationalbibliothek

Die Deutsche Nationalbibliothek verzeichnet diese Publikation in der Deutschen Nationalbibliografie; detaillierte bibliografische Daten sind im Internet über http://dnb.dnb.de abrufbar.

Bibliographisches Institut GmbH, Mecklenburgische Straße 53, 14197 Berlin

Redaktionelle Leitung Constanze Schöder
Redaktion Christina Braun
Autorin Kristina Offermann
Illustrationen Merle Goll (Rahmen: S. 33, 60 / Meine Top10!-Buttons: S. 8, 17, 23, 28, 33, 46, 51, 60, 66, 72), Karoline Jakubik (Rahmen: S. 7, 56 / Baum S. 11 oben rechts), Sabine Mielke (Rahmen: S. 13 , 32 / Mach10!-Sticker) vom Atelier Unterseecafé
Herstellung Saskia Meisenbach
Layout und Satz Atelier Unterseecafé – Merle Goll, Karoline Jakubik und Sabine Mielke
Umschlaggestaltung Atelier Unterseecafé – Sabine Mielke
Umschlagillustration Atelier Unterseecafé – Karoline Jakubik (Sphinx, Anubis), Ola_view/Shutterstock.com (Kamel, Pyramiden, Palmen, Hand), sorninai/Shutterstock.com (Palmenwedel, Steintafel, Skarabäus, Hieroglyphen, Horusauge, orangener Vogel), Vector Micro Master/Shutterstock.com (Sarkophag), Dusida/Shutterstock.com (Mumien), Kudryashka/Shutterstock.com (Skorpion, Schlange, Blume, Cleopatra, Nofretete, Katze)
Druck und Bindung Heenemann GmbH & Co. KG, Bessemerstraße 83–91, 12103 Berlin
Printed in Germany

ISBN 978-3-411-76220-0
www.duden.de